기형도

이강 시집

시인의 말

　나는 지금 서울 중앙고 3학년 3반 졸업사진을 들여다보고 있다.
　맨 뒷줄 왼쪽에서 두 번째가 기형도이다.
　맨 앞줄 왼쪽에서 두 번째가 이강이다.
　기형도와 나는 문예반을 들락거리며 시와 현실에 대해 말했다.
　기형도에 대한 시는 주로 고교 시절의 이야기이다.
　나는 이 시집이 기형도에 대한 늦은 조시가 아니라 축시로 읽히기를 바란다.

'염해부락 이야기'도 시에 대한 파편이다.

소년이 시에 눈을 뜨고 서울로 상경하기까지, 그리고 기형도를 만나기까지의 이야기이다.

내게 시를 잊지 않게 해준 친구 기형도에게 고맙다는 말을 전하고 싶다.

이 시집을 기형도 시인에게 바친다.

2023년 가을
이강

차 례

● 시인의 말

제1부

기형도 1 ──── 10
기형도 2 ──── 12
기형도 3 ──── 14
기형도 4 ──── 16
기형도 5 ──── 18
기형도 6 ──── 20
기형도 7 ──── 21
기형도 8 ──── 23
기형도 9 ──── 24
기형도 10 ──── 25
기형도 11 ──── 27
기형도 12 ──── 29
기형도 13 ──── 30
기형도 14 ──── 32
기형도 15 ──── 34
기형도 16 ──── 36

기형도 17 ——— 37

기형도 18 ——— 39

기형도 19 ——— 41

기형도 20 ——— 43

기형도 21 ——— 45

기형도 22 ——— 47

기형도 23 ——— 48

기형도 24 ——— 50

기형도 25 ——— 51

기형도 26 ——— 53

기형도 27 ——— 54

기형도 28 ——— 56

기형도 29 ——— 58

기형도 30 ——— 60

기형도 31 ——— 61

기형도 32 ——— 63

기형도 33 ——— 65

기형도 34 ——— 67

기형도 35 ——— 68

제2부

염해부락 이야기 1 ──── 72
염해부락 이야기 2 ──── 74
염해부락 이야기 3 ──── 76
염해부락 이야기 4 ──── 77
염해부락 이야기 5 ──── 79
염해부락 이야기 6 ──── 80
염해부락 이야기 7 ──── 81
염해부락 이야기 8 ──── 82
염해부락 이야기 9 ──── 84
염해부락 이야기 10 ──── 86
염해부락 이야기 11 ──── 88
염해부락 이야기 12 ──── 91
염해부락 이야기 13 ──── 93
염해부락 이야기 14 ──── 96
염해부락 이야기 15 ──── 98
염해부락 이야기 16 ──── 99
염해부락 이야기 17 ──── 101

염해부락 이야기 18 ──── 102

염해부락 이야기 19 ──── 103

염해부락 이야기 20 ──── 105

염해부락 이야기 21 ──── 107

염해부락 이야기 22 ──── 109

▨ 이강의 시세계 | 염선옥 ──── 112

제1부

기형도 1

중앙고 문예반에서 그를 만났다

곱슬머리 숯검댕이 눈썹
눈빛에는 깊은 우물 속 한 줄기 빛이 일렁인다

그는 시와 술래잡기 중이었을까

문예반에 나왔다 안 나왔다
시를 써야 할지 말아야 할지
시무룩하게 앉았다 벌떡 일어나 사라져

시 뒤에 숨었다

그러다가 시가 씌어지면

그는 문예반을 찾았다

*시 쓰면 밥은 못 얻어먹지
돈 벌어야지
돈 벌어 가족을 부양해야지*

졸업할 때까지 그가 한 말이다

국어 선생님이 되고 싶은데……

내가 들은 그의 마지막 말이다

기형도 2

한 무리 친구들의 촉발된 호기심이 슥슥 삭삭
그의 머릿속을 헤적일 적에

도서관 옆 철제 난간 위에 양손으로 턱을 받히고
발아래 비원 풍경을 자욱 누르다

"가을은 참 깊다"

"……"

"시란 본질적으로 낮은 목소리여서
누군가 버린 아픔을 주워 담는 일이지"

자분자분 속삭이는 돌올한 그의 언어는
상상력의 굴레에 갇히지 않은 날것으로 비렸다

덧붙인 응결된 말
"존재하지 않는 존재의 씨앗을 틔워,

꿈결 따라 깃을 치는 투명한 죽음의 각주 같은 것"

그는,
언어라는 형식의 외피를 벗고
행간이 자유로워야 한다고 했다
그래야 비로소 시가 꼴을 갖춘다고 했다

기형도 3

일요일 삼청동 정독도서관에서
그와 점심 도시락을 먹는다

신문지로 뚤뚤 싼 병에 담긴 깍두기와
단무지를 고추장에 무친 반찬이 다다
서로 초승달 같은 반찬통을 비운
나른한 오후

문득, 사금파리 잔뜩 묻은 듯 스산한
그의 얼굴이 텅 비었네, 생각하던 중
불쑥 던진 한마디가 빈 표정을 채운다

박인환의 목마와 숙녀는 시가 아니야
어리둥절한 나를 보고 피식 웃는다
그의 시에는 얼굴이 없어
갈등과 결핍도 없고 과잉만 넘쳐
재미가 없지

시의 얼굴이란 무엇을 말하는 것일까
단순하여 난감한 귀갓길
봉인된 그의 머릿속이 궁금하였다

가로등 그림자를 텅 빈 그의 얼굴이 따르고
시의 얼굴이란 말이 번갯불처럼 머뭇거린다

기형도 4

소하리 오두막과 계동의 학교 사이
시와 노래 사이 정현종과 릴케 사이에서
닫힌 빈방을 바삐 서성이던 너의
눈빛은 골똘하였고, 콧노래 흥얼흥얼
쏟아지는 혼잣말을 중얼거렸지

문득 찾아온 상념을 낚아채어
너만의 빈방 문을 닫았노라

마음의 오솔길 몰래 휘어
더러 빈방에 빗장 걸고
홀로 바삐 서성거릴 때면
버려진 상념의 파편 뜨겁게 찾아온 것이라
친구들은 수군거리곤 하였지

칠흑의 혀를 빼문 닫힌 방의 빗장 걸으면
세상이 네 곁으로 다가간다고
너의 깊은 고독을 찾아간다고

모두 말없이 지켜보았지

기형도 5

가난은
텅 빈 물질의 여백이며
구르는 마음의 유목이라고

절망은
검붉은 분노의 부싯돌이며
버려진 젊은 날의 전부라고

죽음은
삶의 내밀한 그늘의 징후이며
시와 시인 그 존재의 뿌리라고

그래서 시는
결핍된 시의 문법으로도
잠든 언어를 뒤적이는 일이라고

까만 눈썹 밑 유리알 눈동자에
그렁그렁 발효하던

가난과 절망과 죽음의 은유들

어둡고 두려운 침묵들을
스란치마 스적이듯
그는 아무렇지도 않게 말하는 것이었다

기형도 6

왜바람 불고
무더기 비 들이붓던 날,
물먹은 낡은 운동화 두 짝이
무거운 뒤꿈치를 끌고
끄덕끄덕 계동 골목을 오르고 있다
터진 틈새를 비집고 든 돌 부스러기
빗물에 홀딱 잠긴 금 간 운동화가
꺼억꺼억 트림을 뱉으며, 절룩거린다
등굣길 개구리 울음소리 골목을 메운다

기형도 7

비 오는 하굣길
키 큰 네가 우산 속 연인처럼
내 어깨를 꼭 감싸 안았을 때
너 그거 아니?
너는 너보다 훨씬 다정했다는 것을

바짓가랑이를 양말 속에 구겨 넣고
서로 한쪽 어깨를 비에 내어주며
고개를 갸우뚱 맞대고
발맞추어 걷던 계동 골목길
너 그거 아니?
너의 소곤거림이 솜사탕보다 간지러웠다는 것을

골목길 끝 갈림길에서
말없이 우산을 내 손에 쥐어 주고
가방을 머리에 이고서
버스 정류장으로 총총히 뛰어가던 너
너 그거 아니?

너는 너보다 한결 따듯했다는 것을

비꽃 툭툭 떨어지는 날이면
작별의 인사 한마디쯤
아쉬운 날인 거
너 그거 아니?

기형도 8

닳고 닳아 반질반질한 교복 엉덩이를 타고 내려가면
종아리 아래 복숭아뼈 아킬레스건이 서늘하게 드러났다

입학 때 질질 끌려 밑단을 접고 또 접었던 교복 바지
180cm 빠르게 성장한 그의 신체

칼날 같은 햇살 쏟아지던 겨울
맨살로 드러난 그의 손목과 발목
"안 춥냐?"
"견딜 만해."

목의 호크와 첫 단추가 채워진 것만을 다행으로 여기던
교련 선생님의 복장 검사 표적이 되지 않은 것만을 다행
으로 여기던 그는
바짝 마른 다리를 꺾어 방아깨비처럼 흔드는 것이었다

기형도 9

안국동에서 중앙고 교정으로 이어지는 계동 기다란 골목 중간, 휘문고*와 대동공고**의 이정표가 꼿꼿하다. 주변에는 문방구와 분식집이 줄지어 있다.

종례가 끝나기도 무섭게 친구들은 도서관으로 단골 라면집으로 튀어갔다. 그가 먼저 라면집에 가자고 한 적은 없지만, 우르르 몰려가는 친구들 속에 그도 가끔은 끼어 있었다. 분식집 이모가 주문을 받을 때마다 우리는 떡라면을, 그는 라면을 시켰다. 누군가 라면값을 대신 내려면 불같이 화를 내던 그는 "집에서도 넌더리 나게 먹는 라면 학교에서까지 먹고 싶겠냐"며 모서리 터진 책가방으로 라면집 출입문을 드르륵 열어젖힌다.

* 지금의 계동 현대건설 자리.
** 지금의 대동세무고등학교.

기형도 10

기말시험이 코앞이라
이른 여름 도서관은 후끈했다
그도 저만치 난닝구 바람으로
거북목을 하고 앉았다

친구들은 타박이다

그는 반에서 1, 2등을 놓친 적이 없다
시 쓰고 노래하고 공도 차고
갈래머리 여학생 뒤꽁무니
슬금슬금 쫓기도 하면서

잠시 비운 그의 자리
도무지 기막혀하던 친구들 몇이 모여
슬그머니 그의 책상 위를 살핀다

아리스토텔레스의 '시학'이라니……

그는 플라톤이 좋다고 했다
그는 릴케를 흠모한다고 했다
그는 파울 첼란이 침묵 속에 잠겨간 센강에 가고 싶다고 했다
그는 정현종의 불화와 긴장을 닮고 싶다고 했다

친구들은 행간이 분분하다

종로 거리 새벽 단과반 학원에서
종합영어와 수학의 정석도
맹렬히 궁리하고 있을 거라고
집에서 날마다 밤새우면 잠은 언제 자겠냐고

기형도 11

툭, 그의 발끝에 걸린 돌멩이를 냅다 차며
"고도를 기다리고 싶은데 돈이 없다"
"그게 뭔데?"
"사무엘 베케트의 부조리극"
"그러니까 그게 뭐냐고?"
"산울림 소극장에서 하는 연극"
"근데 고도는 뭔데?"
"'고도를 기다리며'의 고도"
말은 심드렁하게 짧았고
부아 난 표정이 등 뒤로 업혀 왔다

에누리 없는 현실의 궁핍에
상상의 풍요로움을 털렸다는 그,
전위문학의 불온함과
부조리극의 비 중립성에
한벌 디딘 바람을 그는 몰입이라 하였다

스물아홉 싱그러운 날 기다리던 고도를

친구야,
서른네 해가 지난 오늘도
우리는 여전히 오지 않는 고도를,
고도를 기다리고 있다

기형도 12

시흥군 소하리
낡은 고무신 널린 오두막

중풍에 굳은 혀로 누워계신 아버지
열무 삼십 단 이고 시장 가신 엄마
기름 냄새 덮어쓴 귀갓길 누이와
죽은 순도 누이의 기억마저
함부로 널려 있는 작은 오두막

스탠드 하나 없는 모자라진 책상에 앉아
우두커니 돌아본 방안 풍경
50촉 알전구 하나, 불 밝힌 한밤중에
뒤척이며 잠투정 시늉하는 칼잠들

가난한 그와 그의 식구들이
애오라지 겻불에, 횃대처럼 걸쳐 살던
시흥군 소하리
낡은 고무신 널린 오두막

기형도 13

엄마 발소리 타박타박
기다리던 소년은
그의 발소리 뚜벅뚜벅
배춧잎처럼 자라고

어디로 갔을까.

순도 누이가
고아원에서 죽어
어느 한날 나리 나리 개나리
꺾여갔던 투명한 기억에도
기어코 오월 봄날은 온다더니

어디로 갔을까.

3년 내내, 흩어진 웃음 잡아당겨
늠실늠실 수런거리다가도
감때사나운 일상이 시끄럽다며

맹렬히 불러 젖히던 노래 한 가락

열무 삼십 단 이고 간 엄마 따라
다 버리고 그는 무엇을 지고
서둘러 터벅터벅

어디로 갔을까.

기형도 14

야생초나 잡풀 이름에 어둡다고
하루는 아침부터 투덜대더니
기어코 학교 뒤편 삼청공원을 헤집고 다녔다

노래는 만들고 싶은데 오선지가 낯설다고
마주하는 질문들에 골똘하더니
마침내 대위법이니 화성학이니 책과 씨름하였다

문예반에 나오지 않고도
중앙고 백일장의 장원은 얼추 그의 몫이었다
그는 그것을 콤플렉스에 대한 보상이라 했다

가끔, 긴 침묵 뒤에 오는 그의 말들은
가늠할 수 없는 것들에까지 다다랐다
그는 그것 또한 콤플렉스에 대한 보상이라 했다

콤플렉스, 콤플렉스의 응어리
그래서 그는 엘리엇과 워즈워스를 사랑했고

언어의 선택은 늘 불화하고 고독하다고 말했다

기형도 15

'입 속의 검은 잎'은 무수한 하루들의 흉터이다
글에 소갈 난 시인에게도, 허세에 취한 나에게도
그는 물오른 한 뼘 섬이자
무를 수 없는 시절의 현상이다

그는 잔잔하였으나 폭풍이었고
묵묵하였으나 우레였고
부풀어 오른 세상에서 넘치지 않았다

"영혼의 자리를 찾아 헤매는 사색은 질병이야"
미궁 속 테세우스 같은 그의 입말은
아리아드네의 실타래 없는
미로처럼 생경하였다

포말처럼 흩어진 조각 기억들과
젖은 '입 속의 검은 잎' 한 장 남기고
억장 무너지게 하던 날

범람하던 부박한 소문과
오독하던 굴절된 시선에
덩달아 남루해지던 때가 있었지

화두를 들고 탱탱한 허공을 가르던
팽팽한 낚싯줄 같은 글의 흔적을
사각사각 썰며 담으며
조졸하여 재귀적인 그의 건조한 입말조차
여전히 유효한 것이다

기형도 16

순도 누이가 죽었을 때

눈 부신 햇살을 왠지 쳐다보기 힘들더라
파란 하늘을 올려다보면 자꾸 섭섭하더라
아침이슬 매달린 이파리를 보면
한동안 누이의 눈물인 것 같더라

이듬해 중앙고에 들어온 그가
훗날 도서관 앞 담벼락에 나란히 앉아
발뒤꿈치로 담벼락을 탁탁 치며 내뱉던 말

흉터는 아문 뒤가 더 아프더라

아파서,
시라는 것을 쓰기 시작했지

기형도 17

"너, 좋은 글 쓰고 싶으면 좋은 책 많이 읽어"
글에 대해서는 가타부타 말을 아끼던 그가
아득히 비원 풍경에 취했는지

"게슈타포* 머슴살이에 공부 거름도 못 내는 판에
책은 무슨……
근데 있잖아, 책 많이 읽으면 시도 정말 좋아질까?"
그의 말에 내가 턱 받치고 토를 단다

"책을 읽으면 궁리할 말들이 차곡차곡 쟁여져
쟁여진 말들의 구토로 글을 써봐
좋은 시가 될는지는 알 수 없지만
거짓말은 면할 수 있지
멋 부리려 굳이 애쓰지 마"

비원이 훤히 내려다보이는 철제 난간에
나란히 걸친 양손 위로 턱을 고이고
툭 내뱉던 그의 말이

절집 처마귀에 걸린 풍경소리처럼
내게 바람을 타고 건너왔다

* 당시 서울 중앙고 독일어 선생님 별명.

기형도 18

내가 오일장에 대해 말하면 그는 열무 삼십 단을 중얼거리고

내가 우듬지의 생명력을 칭송하면 그는 이파리의 연두에 대해 감탄하고

내가 담임선생 허물을 꼬집으면 그는 파울 첼란의 죽음을 안타까워하고

내가 문장 한 줄에 골머리를 앓으면 그는 휘파람을 불어대고

내가 모의고사 점수를 부러워하면 그는 거품이라 배시시 웃고

내가 짝사랑을 고민하면 그는 연애의 기술에 관해 귀띔하고

내가 여행을 가고 싶다 하면 그는 책을 읽으라 하고

내가 볶음밥을 먹자 하면 그는 김밥으로 족하다 한다

내가 병원 다녀온 이야기를 하면 그는 아픈 아버지에 관해 입을 닫고

내가 식구들에 대해 말하면 그는 죽은 누이에 대해 말하지 않는다

기형도 19

짙은 눈썹 아래

그의 눈은 깊다
그의 눈은 까맣게 맑다
하여,
그의 눈은 시리다
그의 눈은 바람같이 돌다가도
발끝에 챈 돌부리에 오래 머문다

시린 눈 속에

그의 눈빛은 영롱하다
그의 눈빛은 때로는 몽롱하다
하여,
그의 눈빛은 아리다
그의 눈빛은 세상을 다 담아내기도 하고
주변을 다 밀쳐내기도 한다

부절히 움직이다 까무룩 머무는
시린 눈, 아린 눈빛

그는 무엇을 보았던 것일까

기형도 20

우정이란 지극히 중립적인가
사랑이란 오로지 광휘로운가
운명이란 단순히 맹목적인가

그는 궁극한 질문의 폭력 앞에
찡긋, 숯검댕이 눈썹 모아
손에 든 책가방 휘휘 돌리며
강물처럼 느린 생각에 잠겨 걸었다

뿔뿔이 흩어진 생각들을 불러 모아
문장으로 세상에 쏟아내는 소리
그는 야생의 멍에에도 표표하였다

극사실의 언어를 배롱나무 꽃잎에 걸어놓고
요리조리 고개를 갸웃거릴 때면
익명의 타인처럼 낯설기도 하였다

사랑은 끝나야만 사랑으로 남는 것

예술은 정돈된 사기성이 만드는 것
헤아릴 길 없는 그의 깊은 말들이
재귀적 광야를 떠도는 것은
아직 굶주린 그의 언어 속으로
내가 들어가지 못한 탓일 게다

기형도 21

허기가 몰려오는 저녁이 켜지면
계동 골목을 따라 낙원상가 뒷골목
오백 원짜리 허름한 국밥집에 가곤 했다

비 무리 음산하던 어느 하루,
상가 계단 구석에 철 지난 입성의 네모난 아이가
거품처럼 쪼그리고 앉았다

그가 콧날을 찡그리며 먹먹하게 말했다
"저 계단 귀퉁이 풍경도 참 슬프네"

국밥을 먹고 나오자
젖먹이를 들쳐업은 한 아주머니가
네모난 아이를 돌돌 말아 옆에 둔 채
양손을 뻗치고 시름시름 엎드려 있다

그가 허공을 가르며 말했다
"야만의 북소리만큼 배고픔은 매정하지"

짙은 눈썹으로 바람을 밟고 서서
벼락처럼 중얼거렸다
"깃털보다 가벼운 동심의 굴욕이라니……"

쓸쓸하고 매서운 그의 분노는
고통에 종속된 행복을 탄식하며
국밥 한 그릇의 자유를 부끄러워하였다

기형도 22

유월 장마가 지면
휘파람에도 뒤집히는 파란 비닐우산은
바지랑대 같은 계동 골목에 진저리를 치곤 했지

교실에 들어서면
비와 땀에 전 고릿한 냄새에
젖은 무게의 토막말이 난무하였지

기웃기웃 만만한 녀석을 찾아
겨드랑이 팔랑이며
쉰내를 한껏 부풀리던 녀석들 틈에
너도 풀썩풀썩 킬킬대고 있었지

유월 장마가 지면
교실에서 숙성된 고린내에 식겁한 선생님들은
도적같이 몸을 피한 습한 복도에서
낡은 지휘봉 끝에 화생방경보를 매달고
멋쩍은 미소를 창틀에 슬며시 올려놓곤 했지

기형도 23

밤 10시 도서관 문 닫는 시간
주섬주섬 가방을 싼 아이들이
우당탕 교문으로 돌진한다

고봉밥도 마다치 않을 허기를 붙든 채
책가방을 옆구리에 꽉 끼고
터벅터벅 내려오는 계동 골목길

"도서관은 왜 10시면 문 닫지"
형도가 또 투덜거린다
"통금 있잖아, 버스도 끊기고"
시샘 반 걱정 반 나의 마뜩잖은 말에
"그럼, 문은 닫고 밤새 불 켜놓으면 되잖아"

새벽까지 켜놓는 알전구 불빛 탓에
"괜한 겉잠 자는 식구들에게 미안해서"
그가 짙은 눈썹 치뜨며 헤적헤적
구시렁거리던 것이었다

어둑한 가로등 된바람 속으로
막차 시간에 늦을까 봐
그가 뛰기 시작했다

기형도 24
― 중앙고 기형도 시비에서

너를 만나러 끄덕끄덕 계동 골목을 오른다
골목길은 옛 신발을 벗고, 눈부신 구두를 신고 있다

미당의 시비와 백릉의 문학비를
기역 자로 마주 선 너의 빗돌에는
'빈집' 문패가 걸려 있다

똑똑
네가 잠근 문의 빗돌을 두드려 본다
네 사랑은 여태도 빈집에 갇혀 있는데
너는 지금 어디를 떠돌고 있는가

시비를 쓰다듬다 문득
문패 아래 새겨진 너의 시어들의 비명을 듣는다
 짧았던 밤들, 겨울 안개들, 촛불들, 흰 종이들, 눈물들, 열망들

기형도 25
— 대학 시절

기형도가 말했네
사랑은 푸른 마스크를 쓴 붉은 심장이라고
전화선을 건너오는 그의 말은 가슬가슬 가을이었네

기형도가 말했네
사랑은 부유하는 것이라고
전화선을 넘어오는 그의 음성은 위독한 겨울이었네

사랑을 잃은 두 사람

그는 술집에서 비틀거리며 흐느꼈네*
나는 마포대교 새벽 난간을 붙잡고 오열했네

그의 사랑은
샛강 자욱한 안개 속에서도 눈부셨다고 했네**
나의 사랑은
한강 물살 위 윤슬로 부서져 내렸네

* 기형도 「그 집 앞」에서 빌림.
** 기형도 「안개」에서 빌림.

기형도 26
— 기형도문학관

안양천 뚝방길 '데부뚝마을'의 오랜 너스레 기억을 모아
천변 풍경 멀지 않은 곳에 터 잡은 문학관

네 스물아홉 해의 궤적은 샛강 안개처럼 어룽거리고
몸뚱어리 문질러 단정한 글들은
쩡 얼음을 깨고 나와
주석 한 줄 없이도 명민하다

비가 치고 비가 울던 익사 직전의 울가망한 기억은
구름을 먹다 만 태양과, 밤의 달을 불러내고
네 유골을 품은 시집 속 언어들은
태양과 달의 염결한 빛을 모아 촛불 하나 밝힌다

서른네 해를 지나고
네가 밝힌 촛불은 맑디맑은 촛농을 뱉어
책상에 물의 탑 하나를 쌓고 있다

기형도 27
― 기형도 문학관을 나서며

문학관을 나서며
무럭무럭 늙은 나는
스물아홉의 너를 질투한다

몇 해째 샅샅이 살펴 가며
지난 흔적을 찾아 더듬거렸으나
마땅한 소회에 이르지 못하고

너는 스물아홉으로도 충분하였노라
너의 언어는 상엿소리를 넘어
이 땅에 시란 갈래에 새로운 잉걸불 피웠노라

문학관에 펼쳐진
너의 삶과 언어의 파노라마가
내 가난한 주름을 부끄럽게 한다

범박하고 소홀했던 인연을 반추하며
네 이름 석 자를 이고

거들먹거리던 나는
스물아홉의 너를 또 질투하면서
거리에 나서, 걷는 자들에게 가만히 중얼거린다

"여기가 내 친구 기형도의 문학관이에요"

기형도 28

두만강을 구성지게 부르던 소년이
팝송을 멋들어지게 노래하는 중창 단원이 되고
양손을 주머니에 찌른 채 구부정한 허리로
두 눈 지그시 올려 감고 부르고 또 부르던
그 노래가 시가 되고

반 친구들의 만류에도 기어코 축구 시합에 끼어
하늘 높이 똥볼만 차올리던 똥발
반 아이들의 장탄식 아랑곳 않고
후반전까지 내쳐 달린단다

104번* 버스에서 내려 집으로 가는 길
의자에 기대어 뿌연 하루를 보냈을 아버지와
시장에 열무 몇 포기 팔러 가신 엄마의 안부가 그새 궁금하여
집까지 거리는 자꾸만 아득해 온다

공장 귀갓길 기다리던 누이가 사다 준

책꽂이에 가지런한 릴케와 예이츠
코딱지만 한 방안 한구석에 놓인
오래된 책꽂이에는 투명한 주인의
손길 탄 책들이 쉼표 없이 나란하다

* 안양에서 중앙청까지 다니던 노선버스.

기형도 29

늦가을 하굣길 푸른 밤하늘에
별들이 초롱초롱 널렸다

"오늘따라 하늘이 참 맑다"고 하자
"오늘따라 별들이 참 정갈하다"고 했다

"잔별들이 많이 늘어났지?" 하고 묻자
"잃어버린 사랑이 그만큼 늘어난 거겠지."라고 했다

깊은 가을의 이별이 떠돌다
푸른 밤하늘에 올라 별이 되고
그리움이 기억으로 남아
슬픔은 기어이 그 자리에 머문다고,
그날따라 그의 말은 수채화처럼 굴렀다

책가방을 어깨에 걸쳐 메고
터벅터벅 걸어 내려오는 계동 골목길
정갈한 별 하나에 박힌 그의 눈길에

은물결 헤적이는 달빛조차 쓸쓸하였다

늦가을 하굣길 푸른 밤하늘에
그의 눈빛은 별들의 지문을 하나씩 더듬고

기형도 30
— 기형도 문화공원에서

문학관 뒤안길
네 시비들로 가지런한 소로를 따라
늘 오기만 하는 시간이 구르고
정오가 기우뚱한 공원 담벼락에 기대어
가만히 봄을 듣는다

날빛 오른 수천의 거울처럼
봄꽃 한창 눈부신데
생각은 절뚝이며 천변 안개를 더듬다
고요가 만든 메아리를 듣는다

이곳에서 너의 살갗을 더듬는 일이란
얼마큼 소슬한 서정이어야 하는 것이냐
얼마큼 시퍼런 유령이어야 하는 것이냐

아득한 이곳에서
날마다 시든 이별은
참으로, 참으로 구체적이다

기형도 31

그는 여자를 좋아했다
근처 여학교 여고생들과 만남에
나긋나긋 낯꽃 피던 얼굴
달구비 긋고 난 쌍무지개 걸린 눈썹에
살랑살랑 실바람은 쉬이 부서지지 않았지

눈부신 여성 몸의 일상성에 대하여
하찮고, 사소한 것들의 질서에 대하여
팝콘처럼 요리조리 튀던 그의 분방함이
워즈워스의 신비롭고 풍요로운 감성에 이를 즈음이면
소녀들의 아득한 눈길은
설핏한 노을 끝에 몽롱하게 내걸리곤 했지

그는 여자가 좋다고 했다
삶을 조바심치며 따지지 않는
일상의 기록에도 향기롭게 설레는
아무렴 잉걸불 같은 질감을 가진 그런,
그런 여자를 만나고 싶다고 했다

그런 여자는 결코 만날 수 없을 것이라고도 했다

그래서 그는 여자가 좋다고 말했다

기형도 32

9월 모의고사 1등 성적 받던 날
종로 고려당 빵집 데이트에 성공하던 날
한쪽 바짓단 접어 올려 건들건들
우렁우렁한 목소리로

야! 죽인다 죽여

도서관 뒤편, 은하수* 삐딱하게 물고
캭 가래침 뱉는 요란한 친구들 사이에서
*죽인다 죽여*에 따라오는
뜬금없는 그의 휘파람 소리에
우리는 서로 쳐다보며 키들거렸다

뾰족 입술 참새 부리처럼 오므리고
기똥차게 불어 젖히던 그의 휘파람 소리
장단 가락 없이도
고고인지, 디스코인지, 트위스트인지 여하튼
너나없이 어느새 땅바닥을 비비고 있었다

* 담배 이름.

기형도 33

중앙고 중창단의 인기는 대단했다
해마다 축제인 석천잔치*가 열리는 날이면
중앙고 주변 여고생들 마음은 부풀었다

그는 중창단 '목동'의 단원이었다
축제 날을 준비하는 그의 발걸음은
날마다 중창단 연습실로 향했다

그가 가장 잘 부르는 곡은 Cotton field**였다
아카펠라 중간에 그의 솔로가 있다
솔로 파트를 부를 때
여학생의 자지러지는 함성
그도 들었을까

갈래머리 여학생의 낯선 목덜미를 보면
파르르 심장이 떨린다던 그,
요량 없이 기타를 뚱땅거리고도
환한 웃음 짓던 기억 따라

오늘도 나는 너에게로 간다

* 해마다 열리는 중앙고 축제.
** 1969년 미국의 CREEDENCE CLEARWATER RIVIVAL가 발표한 노래.

기형도 34

3학년 3반 담임 별명은 독사였다

독사가 대걸레 몽둥이를 휘두르는 날이면
독사 코앞에 쳐든 엉덩이는
활처럼 휘어져 가자미처럼 바닥에 달라붙기 일쑤였다

잦은 지각생이었던 나와
좀처럼 지각을 않던 그가 그날은
독사에게 딱 걸렸다
나는 열 대, 그는 다섯 대

매점 뒤편 외진 모퉁이
 우리는 교복 바지를 훌러덩 내리고 엉덩이의 피멍을 서로 확인했다
 피멍에 찰싹 달라붙은 때에 절고 너덜너덜한 서로의 빤쓰.
 엉덩이에 벌레가 기어가는 것 같다는 그가 사이다 트림처럼 쏴 하게 웃었다

기형도 35

너를 생각해도 하나도 아프지 않아
까만 교복 어깨 위로 가랑눈처럼 내려앉은
희끗한 비듬을 툭툭 털어내며
킬킬대던 신scene을 돌리면
도무지 너의 부재가 하나도 슬프지가 않아

다만 죽다와 살다 사이의 동사 어디쯤
너의 글에서만
너의 문장에서만
너의 시에서만
너의 부재는 문득 존재하는 것인지

흐린 안개를 뒤집어쓴 안양천변에서
팔랑이는 포플러들을 밀치며
샛강에 흐르는 세월을 내다 말리면
들국화 같은 머리에 내리던 서리
하얀 옥잠화 같아

내 속에 와 숨 쉬는 아픔도 슬픔도
살강에 걸어 두었지!

제2부

염해부락 이야기 1

야야, 니는 내도록 방구석에 똥구녁을 처박고 뭐하노
와? 시 쓴다
머를 써, 시이? 그거 가꼬 밥 묵나
몬 묵는다카더라
그라모 잘 씨기는 하나
"……"

누우야
와?
누우는 시집 마이 읽어봤나
"……"

그런께 설맹이 안대여 설맹이
시 쓰는 기, 오데 물 묵고 오짐 싸는 일인 지 아나
억수로 애롭은 기가?
애롭제, 말하자모 지가 갱험해본 기나, 머리통을 굴리갖고
요래조래 생각을 마차서 알매이만 쓰는 기라

너거 선생님은 머라쿠더노
내가 발포만 하모 허구한 날 보루다 보루
미라 놓는 기지, 시언찬타 이 말이다

그라모 동네 우사시럽구로 와 쎄가 빠지게 그걸 하노
누우야, 그란데 시가 애롭기는 해도
생각 끄트머리에 퍼뜩 문장 하나가 오마
각중에 고마 콧등이 시큰해지고, 가심에 하르르 꽃물이 들어삐여
우짜다, 파란 바다에 붉게 익어삔 파도의 입술도 보이제

염해부락 이야기 2

한숨 쉬어가는 하굣길 정자나무 그늘
수선 선배가 은근짜를 놓는다
"너거 멘맹 모이갔고 국어 선생님하고 시 공부한다쿠던데
니 오늘 쓴 시 함 얼퍼바라"
"함 읽어보까이다"

제목 : 똥간

학교 똥간은 무섭다
  요량 없이 넓은 구멍에, 오물을 피해 뒤꿈치를 들고 엉거주춤 쪼그리면
  울 엄마 닮아 짧은 다리는 경운기 타고 고개 넘듯 덜덜거리고
  낭창낭창 몸뚱어리는 난기류를 만난 기체처럼 까불거린다

  몰래 교사용 변소에서 똥 한번 눠볼까
  선생님처럼 백양 메리야스 흰 빤스를 내리고
  선생님처럼 오물 걱정 없는 구멍에 딱 맞추어 쪼그리고

앉아
   선생님처럼 체기 내리듯 시원히 속을 비워내고
   선생님처럼 보드라운 종이를 밑씻개로 쓰고
   선생님처럼 백양 메리야스 흰 빤스를 다시 추어올리고
   선생님처럼 콧노래 흥얼거리며 변소 문을 나서는
   그런 똥간에서 똥 한번 눠보고 싶다

……

"시마이가? 시라쿠는기 똥간 이바구로도 된단 말이가?
너거들 중에 이기 시라꼬 생각하는 사람 손 함 들어바라"
……

서먹한 일렬종대의 꽁무니를 따르는데
땅바닥에 곤두박질친 입이 시부렁거리고
오늘따라 발끝에 돌부리가 끝도 없이 차인다

염해부락 이야기 3

    손톱처럼 자라 서리던 서면중학교 문예반 한 소년이 '뫼비우스의 띠' 마법에 붙들려 허우적거리고 있었다 소년은 맥고모자를 쓴 근사한 시 한 편 써보겠다고 말의 물레를 감고 돌렸으나 스치듯 사라지는 글 속의 칼은 무뎠다

    문장과 행간의 층위를 다투는 일은 팽팽한 낚싯줄을 훑었다 풀었다 맥락을 쥐고 까부는 깊고 질긴 수렁처럼 엉켰다
    죽은 새의 둥지가 달빛에 부딪힌 바람의 시간을 지나 태동의 둥지로 솟으면 소년은 뫼비우스의 띠를 따라 단번에, 팽그르르 선의 끝을 굴릴 수 있을까

    돼기밭 능선 남의 묏등에 앉아 지긋한 소년에게 일렁거려 꼬이는 너울의 물비늘은 편입된 풍경일 뿐 그러나 단 한 줄의 문장도 흘리지 않았다

염해부락 이야기 4
— 머구리

한질이 아버지는 머구리였다
서면에서도 몇 명 안 되는 귀한 머구리다
머구리는 잠수병으로 일찍 죽는다고들 했다

우주복처럼 생긴 잠수복을 입고
정신이 아득해질 때까지 물속 작업을 하다
꼬부랑 줄에 의지해 천천히 아주 천천히
물 밖을 향해 숨을 고르며 오른다
"아따, 물때를 잘 몬 잡아 물살이 쎄여, 그래도 몇 망태 건 짓인께 됐제"

그는 선주들에게 귀한 돈벌이 꾼이어서
물때 맞춰 출항 제안을 받기는 하나
한번 머구리질을 하고 나면 며칠을 잠수병으로 신음했고
바다가 온몸에 문신을 새긴다며
그 신산함을 약 대신 막소주 됫병으로 견디었다
"어차피 일찌감치 갈 노무 목심인데 약이 무신 소용 있겠노"

한질이 아버지는 기어이 쉰을 넘기지 못하고
저무는 노을빛 등지고 흑백 사진 속
물길 기우뚱한 그의 바다로 돌아갔다

염해부락 이야기 5
― 조막손이

　먼바다에는 오래전부터 서늘한 이야기들이 고이고 고였습니다. 거친 바람이 뒷산 나무를 타는 날이면 그 옛날 지아비를 수평선 웅덩이에 묻었던 주름진 어미는 조막손이 모는 통통배 걱정에 애가 탑니다. 희붐한 어둑새벽 스르르 포구를 나섰던 조막손의 깃발 없는 통통배 그림자가 저무는 포구에 다시 뜨면, 붉은 노을을 등에 진 어미는 그제야 먼 바다를 향해 합장합니다.

　별나게 작은 오른손, 검지와 중지를 어미의 투명한 자궁 속에 두고 나온 그를 일러, 마을 사람들은 이름을 둔 채 그냥 조막손이라 불렀습니다. 아비의 밥벌이, 수평선 빈자리를 대신하겠다며 기어코 통통배를 몰고 날마다 뱃길을 타는 조막손이 아들. 가만히, 스미듯 내려다보는 어미의 눈에 아들의 조막손이 가시처럼 박혀옵니다. 어미는 한 치도 흔들림 없는 눈빛으로 입술을 비집고 여물게 말합니다. "야야, 가자. 가서 밥 묵자."

염해부락 이야기 6

두 큰엄마가 두 큰아버지를 앞세우고 나니 늙은 과부 마을에 과부 할매 둘이 또 늘었다 큰 큰엄마 허리는 밀물에 밀린 낫처럼 굽어 푸른 들꽃에 코 박고 걷고, 작은 큰엄마 허리는 썰물에 쓸린 닻처럼 뒤로 기우뚱 열구름에 눈 매워 걷고

누울 자리 한 뼘 벅차 허리 펼 날 없던 큰 큰엄마의 삶이나, 흉 진 결이 쓸쓸하여 한숨에 허리 휜 작은 큰엄마의 생이나……

바다가 비틀거린다 갯바람이 들썩인다 때때로 밀고 온 삶이 낡은 흙집처럼 무너진다 가끔 햇살 눈 부신 날에는 비탈밭 고구마 줄기가 마을로 내려오기도 한다

슴슴하여 길고 긴 하루, 바스락 맞잡은 손 당기고 밀며 걸음 맞추어 동네 마실 나선다 '성님', '동상' 먼저 부르다 "죽는 기 파도보담은 빠릴끼거마는"

두 큰엄마의 굽은 허리에 염해부락 갯바람 춤추며 온다

염해부락 이야기 7

　남녘땅, 드문 눈꽃 피던 날 등성이에 서서 퍼붓는 폭설을 맞고 있다 뽀닥뽀닥 고무신 지나온 자리 부지런한 눈발이 문지를 때까지 석불처럼 하염없이 눈설레에 서 있다 바다는 눈발을 집어삼키고 들녘은 새하얀 지평으로 까마득한데 소년은 눈석임물에 푸석푸석 말라가고 있다 신이 난 장끼 한 마리 쩡 머리 위로 하늘을 가른다

　"우찌 해도 해거름까지 눈사람이 되기는 틀린는갑다 눈사람이 대바야 그노무 소가지를 알낀데 이래가 우째 시를 씨긋노" 한 보따리 숙제 근심을 지고 뽀닥뽀닥 거꾸로 신은 고무신 소리 눈 속으로 숨는다

　폭설 후, 땅 밑으로 한 뼘 다가오고 있는 푸른 시는 소년에게는 막막한 기다림인가 보다

염해부락 이야기 8

슬며시 건네준 자그마한 보자기
삶은 고구마 두 개와 몰캉하게 익은 홍시 한 알
문예반 성란이의 얼굴이 설익은 노을 그늘에 붉다

"니, 오번 문학제에 낼 시 다 썻나?"
두어 걸음 뒤에서 발자국 지워오며 묻는다
"안중 몬 썻다, 니는 우짤긴데?"
"우짤꼬, 누구를 보모 가슴의 별이 깨지는데
괄호 속에 숨카뻔께 영 시가 안 된다"

서면중학교 뒤, 논두렁길 지나 자드락길로 접어들자
성란이 숨소리가 바짝 붙어 선다
여름 서정은 갔는데 몽글몽글 식은땀이 솟고
콩닥콩닥 북소리에 멀미가 난다

"고마 아무끼니 일단 씨라
푸른 하늘에 구름을 기리드끼 그리 씨모 되것제"
투명한 혀가 퉁명스레 구른다

"아, 니는 우찌 홍시 한 개도 지대로 몬 묵고
그리 주디에 치대 싼노"
무게가 사라진 수줍은 손이 옴질옴질 입가를 훔쳐주며
소녀의 놋주발 같은 소리가 여운을 물고
한참 먼 풍경 속으로 흐른다

염해부락 이야기 9
― 한길우 양복점

"아부지요. 가는 이름이 두 자라 그런가 공부도 잘하제, 노래도 잘하제, 운동도 잘하제, 뭐 몬 하는 기 엄는 기라요. 그란데 내는 이름이 세 자라서 그런가 영 파이다 아입니까?"

"야가 뭔 소리 하노, 니 이름이 '길우' 두 자제 와 세 자고?"

"참말로, 아 그것 말고 성맹 말입니다 성맹. 성 성짜에 맹 맹짜. 그라이 '한길우' 세 자다 아이요."

"아따 니도 제복 한짜를 아는갑네. 그라모 가는 니보다 꼴 잘 비나? 나무 잘하나? 똥장군 잘 지나? 밭일, 논일 니가 가보다 잘하는 기 천지삐까린데 무신 썰 데 엄는 소리 해싼노. 촌에서는 일 잘하는 기 최곤기라."

"아부지요, 아부지요 그래도 낫질 잘하는 것보담은 공부 잘하는 기 낫제이다. 아 나중에 가다마이* 입고 댕기야 폼이 쪼매 날 거 아입니까?"

"아 문디 새끼 그기 오데 성맹 탓이가, 니 대가리 탓이제."

"세상에 울 아베가 내보고 그카더라. 내는 니가 이름이 두 자라 머리가 좋은가 그리 생각했제. 그래서 내도 성은 몬 바꾼께 가운데 '길'자 빼삐고 '한우'라꼬 해본께 영 이상터라. 고마 내삐 두고 내는 꾸린내 나는 똥장군 열심히 질 낀께 마 가다마이는 나중에 니가 입어라."

길우의 재재바른 푸석한 푸념이 해거름을 여미자 겨울볕은 짧고 갯바람은 길었다.

길우는 부산에서 양복점 재단사로 일하다, 마흔 즈음 고향으로 돌아와 읍내에 제 이름 석 자 붙인 '한길우 양복점'을 냈다.

나더러 입어라던 값비싼 가다마이는 평생 길우의 일복이 되었다.

* 남성 양복의 일본식 표기.

염해부락 이야기 10

  읍내 버스 종점 뒤편, 허름한 춘자네 막걸릿집이 시끌벅적하다. "이 문디 같은 영감탱이, 또 여서 술 처묵고 있나." 길우 어매의 악다구니가 거리를 메운다. "니 여 우찌 알고 왔노?" 길우 아배 목소리가 시들시들하다. "아, 와? 요 아이모 노롬판이제, 지가 오데를 갈끼라꼬. 그래, 술 처묵고, 노롬하고, 오입질은 안 하나?" 이때다 싶었는지 "내사마 오입질은 안 한다. 쩌 작은 춘자한테 물어봐라." 큰 춘자는 하루이틀 일도 아니어서 태연스레 도마질이고, 새내기 작은 춘자는 떨군 고개 사이로 눈만 희번덕거린다. "아침에 쇠죽도 안 끼리고, 오늘 고춧대 뽑고 산에 나무도 쫌 해오라캤는데 새복부터 요리로 달리삐여. 할 말 있시모 그 잘난 주디로 말 쫌 해봐라." 길우 아배가 주섬주섬 옷을 챙긴다. "큰 춘자 니도 그라지 마라. 작은 춘자 하나 갖고 온 부락 아재들 다 잡아묵을끼가? 아, 아재들도 빨리 안 일어나요? 내 동네 가서 아지매들 다 뎃고 오까이다?" 팔짱을 낀 채 고개를 처박고 시름시름 눈치만 보던 아재들이 "하모 하모, 인자 가야제이다." 빛의 속도다.
  코뚜레 낀 듯 길우 어매 손에 붙들려 집으로 온 길우 아배

생고구마 두 개를 주머니에 쑤셔 넣고 취기 어린 산길을 홍얼홍얼, 아직 남은 단풍 몇 잎에 작은 춘자 분 냄새가 달콤하여 기분은 봄이로다. 그날 염해부락 몇몇 아지매들의 호령 소리는 맹렬하였고 아재들은 머리카락도 보이지 않았다.

  다음날 읍내 춘자네는 어제의 춘자네파 조직원들이 다시 모여 작은 춘자의 손을 조몰락거리며 "어서 오시다, 놀다 가시다, 늘거삐모 몬놀아뻰께 하무는 시비롱이요" 젓가락 장단에 다리가 휘고 큰 춘자는 목청을 씰룩거린다. 길우 어매는 고추밭에서 고춧대를 뽑다 먼바다를 바라보고 앉아 "이놈의 게울이 없어야 되여, 뭐한다꼬 게울은 이리도 기노." 허무는 한숨, 길우 어매의 남녘바다 겨울은 길기만 하다.

염해부락 이야기 11

내일은 읍내로 마을 어른들 단체 목욕 가는 날. 이장댁이 마이크에 대고 아침나절부터 으름장이 한 소쿠리다. "아, 내일 읍내로 목간 안 가는가. 갈라모 오늘 기초공사를 해야 되여. 팔꿈치랑 무릎패기, 발뒤꿈치, 모가지, 귀때기 뒤에 땟국은 떼고 가야 안 되것십니까. 챙피시럽거로 거 가서 빡빡 문대싸모 우리 부락 우사라 우사. 특히 그 할매들 사타구리 빡빡 문대고 빤스는 구멍 안 나고 고무줄 땐땐한 거로 잘 챙기오시다."

마이크가 꺼지자마자 집집마다 굴뚝에서는 연기가 모락거리고 가마솥은 더운물로 설설 끓는다. 커다란 고무대야에 데운 물을 붓고 까끌한 돌멩이로 각자 기초공사를 하는데 사정없이 문지른 곳에서는 피부가 벗겨지고 벌겋게 피멍이 든다. 코를 불던 성운이 엄마가 고무대야 안에서 벌거벗은 채, 기어코 담장 너머로 고래고래 고함을 친다. "아, 문디들 때 뱃기로 목간 가는디 때 뱃기고 목간 가자는 기 이바구가 되나. 이기 무신 꼬라지고." "아 저거매, 그래 싸도 내일 목간 가서 문대모 또 때가 돼지 밥 한 끼는 나올끼

구마는. 일 년에 서너 번 가는디 그것도 고롭아서 되것는
가. 아뭇소리 말게." 성운이 아버지가 연신 눈을 힐끗거리
며 다독인다

 아침부터 서둘러 목욕탕에서 목욕을 하고 나온 부락민들
의 수다로 읍내가 제법 시끌시끌하다. 이참에 또 이장댁이
나선다. "아지매들은 걱정이 안되는디 우째 아제들은 영 고
마 미듬이 안가여 미듬이. 오늘 아지매들은 밤에 아제들 잘
씻껏는가 곰탁곰탁 검사들 잘 허시다이. 목간통에 땟국으
로 찌린내가 나도 몸을 당구고 나온께 낯빤대기도 반딱반
딱하고 상구 기분이 안 좋십니까. 그라모 인자 아지매들은
짜장멘집으로 가고 남정네들은 막걸릿집으로 갔다가 이따
차 시간 마차서 차부로 오시다."

 아지매들 수다와 아제들 막걸리 질에 낮차를 놓치고 오
후차를 타고 돌아오는 길. 해맑은 아지매들의 뽀얀 얼굴과
막걸리에 불콰해진 아제들의 얼굴은 이미 한밤중 이불 속
을 헤맨다. 해거름이 오기도 전부터 아이들에게 억지 밥을

먹여 재운 그날 밤, 집집이 곰탁곰탁 신체검사를 하느라 아지매 아제들의 싸움 소린지 신음 소린지로 낡은 솜이불 먼지가 풀썩거리고 염해부락 앞바다의 파도조차 거센 바람 소리를 털어주고 있었다.

염해부락 이야기 12

　신혼여행의 마지막 기착지는 염해부락 큰집이었다. 남녘 바다 섬 길, 가파른 파도와 구부렸다 솟구치는 뱃멀미에 휘감긴 육지 신부는 하얗게 몸서리치며 뒹굴었다. 할매와 큰어머니께 큰절 올리고 나자, 생채기투성이에 피범벅이 된 큰아버지가 대문을 박차고 들어서며 "우리 서울 아아들이 볼씨로 왔다꼬? 내 고마, 너그들 기다리다 한 꼬푸 하고, 니아카 끌고 오다 까꾸방에서 미끄라졌뻤는기라." 혀가 요량 없이 꼬부라진 채 "저그매, 아아들 왔인께 한 꼬뿌 내오게." "아, 또 한 꼬뿌요, 낯빤대기에 아까쟁끼나 쫌 바리고 언능 가 자소." 할매도 한 자락 거든다. "아범, 겔혼은 아아들이 했는데 자네가 와 술 처묵고 자빠지고 댕기는고? 어른 노릇 쫌 허게. 아이고이 오이서 저런 기 나왔일꼬, 내가 쟈 때매 제맹에 몬산다 제맹에. 아 빨리 가 자빠져 안 자능가."

　술기운이 남은 큰아버지와 저녁 겸상에 꼼짝없이 붙들린 신랑은 큰아버지가 또 얼큰히 취할 때까지 콧등에 연신 침을 발라가며 듬성듬성 귀를 열었다 닫았다 신산하였다. 저녁을 물리고 신혼부부가 막 이불 속에서 더듬수를 놓으려던 참, 큰아버지 고함소리에 별들이 까무러친다. "야야, 자나? 퍼뜩 나오이라. 한 꼬뿌 더 해뿌야재." 이런 승강이가 몇 차례 이어지자 급기야 할매가 중재에 나섰다. "야들아, 너그도 고로분께 쩌 아래 작은 큰아배 집에 가 자라." 급히 짐을 싸 들고 작은 큰아버지 집으로 피신을 한 신혼부부에게 더듬수는 아득한 일이 되었고 아쉬운 밤은 거침없이 흘렀다.

아침상 앞에서 아까쟁끼로 아수라백작이 된 얼굴이 물었다. "너거 어제 왔나? 오이서 잤노? 해장 한 꼬뿌해야재." 큰어머니가 고방에 숨겨둔 막소주를 기척 없이 찾아내어 몰래 마시곤 하던 큰아버지의 한 꼬뿌.

훗날, 그날의 끈적이던 마음에 밑줄을 긋고, 별들이 깊고 푸른 한 꼬뿌를 흩뿌리던 날, 산협 모퉁이 그늘 큰아버지 묏등 꽁무니에는 한 꼬뿌에 취한 말벌들이 늪처럼 깊은 집을 짓고 있었다.

염해부락 이야기 13

　남상국민학교 가을운동회 날, 운동장을 뒤덮은 만국기 사이로 파란 하늘이 빼꼼하다. 플라타너스 그늘 밑은 각설이 엿장수와 솜사탕, 풍선 등의 장사치들로 시끌벅적 읍내 장날 풍경이 따로 없다. 본부석 면장님과 이장님들이 마이크를 돌려가며 제 잘난 사설이 길어지자, 그 새 한쪽에서는 너나들이 어른들이 뒤섞여 막걸리, 소주에 아침부터 가을바람이 얼큰하다. 부락별 경기는 선수도 아이들 사정 따라 제멋대로라 몇 세대가 뒤엉켜 운동장을 되는대로 굴리고, 농악대의 흥 잡이 닐니리맘보 장단에 얼쑤 두엄 냄새 흥건하다.

　드디어, 물속에서는 노래미보다 자기가 더 빠르다고 우기는 사촌 동생 성택이의 1학년 계주경기다. "행님들요, 고마 걱정 마소. 아, 물속이나 땅바닥이나 거가 거지 벨 다리 겄십니까? 작장부락 아아들 택도 없십니다." 큰소리가 땅땅 만국기를 흔들고, 벼르며 가슴까지 바짝 추어올린 반바지 앞자락이 민망하다. 작장부락의 세 번째 주자가 몸부림을 치며 마지막 주자에게 바통을 넘길 때, 염해부락 세 번째 주자 기철이 동생 기만이는 바지춤을 붙들고 꼴찌에서 엉거주춤이다. 이때다. 성택이가 기만이를 향해 거꾸로 돌진하더니 바통을 낚아채고는 그대로 무서운 속도로 질주한다. 순식간에 운동장이 웅성웅성, "성타가, 성타가 까꿀배이다. 까꿀배이. 디비라 디비." 부락민들의 함성에도 아랑곳없이 성택이는 거꾸로 돌아 번개처럼 1등 테이프를 끊는다.

 홍분한 우리 이장님 본부석으로 냅다 뛰더니 "아, 말이야 바른 말이제, 일 년짜리 아가 까꿀배이로 뛸 수도 있제, 뭐이 문젭니까? 세 번째 아꺼를 지가 가서 받아 가 한 바꾸 다 돌았인게 똑같은 거 아이가. 그라이 1등인 기라. 안 그렇십니까?" 하고 코를 분다. 다른 부락 이장님들이 "그거는 그렇지만서도 그래도 행방이 거꾸론께 법정위반 아이라?" 설왕설래가 운동장을 한 바퀴 돌 때까지 선생님들도 우왕좌왕이다. 결국 성택이는 규정 위반으로 꼴찌를 했다. "기만이가 쩌서부터 바지줌치를 잡고 오줌마럽다꼬 하는 것 같길래 먼저 뛰어갔제이다. 바통을 받고 본께 가는 심에 고마

들고 달려삐야제 우짤깁니까?" 하고 환히 웃는다.

염해부락 이야기 14

 갯바위에서 갯지렁이 끼운 낚싯줄을 대나무 끝에 요령껏 동여매고 뒤로 한 바퀴 휘돌린 후 힘주어 곧장 던지면, 봉돌 하나에 힘을 실은 낚싯줄은 바다를 향해 팽팽한 포물선을 그린다. 찌도 릴도 없는 낚싯줄에서 몸속으로 파르르 물결처럼 번져오는 이물스러운 입질. 물었다. 웅크렸던 낚싯대를 획, 부러질 듯 낚아채 아가미에 낚싯바늘을 건다. 이제부터는 간결한 대나무 낚싯대의 탄성과 물고기의 힘 사이에서 꾼은 경험과 배포에 알량한 자존심을 매단다.
 "야야, 노래미가? 감생이가?"
 "행님, 쪼매 더 땡기보시다. 자 저거 힘을 빼야제이다."
 "낚싯대가 뿌러질라카는데 갠찮건나?"
 "아이고, 우찌 그리 겁이 많아갖고 괴기 맛 보것십니까?"
 "아이라, 자 버티는 거 본께 애복 크다아이가."
 두 사람의 티키타카는 날이 저물도록 계속되었다.

 갯바위에서 바다를 바라보면 건너편 광양만을 따라 산자락 능선이 눈에 잡힐 듯 다가오고, 이른 봄 여수 오동도는 동백으로 불타는데 동박새, 직박구리 동백꽃 꿀 따는 소리

가 갯바위까지 들려오는 듯하였다

   광양제철소가 광양만을 메우자 건너편 능선은 흔적을 지웠고, 먼 제철소의 석탄 태우는 냄새가 바다를 건너왔다. 아름드리 굴뚝에서 뿜어내는 뿌연 스모그는 오동도 붉은 동백의 그림자만 남기고 염해부락 앞바다 노래미와 감생이도 어디론가 자취를 감추었다. 바닷가 비탈밭에는 발목 시린 바닷바람에 마늘이 한창 여물어 가고 마늘종이 파릇하게 꽃대를 밀어 올리고 있다.

염해부락 이야기 15

양철지붕이 녹슬어 가고,
굴뚝은 휘우듬하니
새들의 발이 된 지 오래

모래톱, 흑발의 밤 속으로
동동거리며 떠도는 섬

바다는 검붉은 하혈을 하고
마을은 어둠 속에서 구붓하다

입 없는 것도 헐하고
입 여는 것도 헐하고
입 다문 것도 헐하고

염해부락
폴락폴락 잔가지에 서다

염해부락 이야기 16

 어금버금한 동네 조무래기들 와글와글, 꼴망태 울러메고 쇠꼴 베러 간다. 쓱쓱 낫질 몇 번에 동무들 망태기 금세 배가 차오르자 허릅숭이 나를 위해 꼴 한 손씩 보태는데.

 동무들도 없고, 해 떨어져 가는 어느 날 오후, 망태기 절반도 채우지 못하고 끙끙대다 버럭 요량을 부렸다. 돌덩이 하나 망태기에 넣고 챙겨온 낫 두 자루를 엇갈리게 받쳐 꼴 봉을 만들고 그 위에 고봉으로 설렁설렁 푸새 올린다. 하아, 감쪽같다. 터지는 마음에 얼른 어물간에 쏟아부었는데 아차차, 황량한 사막여우 같은 사촌 형이 파도보다 빠르게 밀고 들어온다. "아부지, 쟈가 베가온 꼴 올매 안 되는 데이다." 골난 큰아버지 바지게 작대기부터 찾는다.

 냅다 도망질을 놓기는 하였는데 어둠이 빼곡해 오니 배는 고파오고 돌아갈 일은 아득하다. "문디 새끼 오이 있노? 빨리 와서 밥 안 처묵나." 온 동네 쩌렁쩌렁 큰아버지 고함이 사막의 뽀스락뽀스락 눈발 같다. 저린 오금 붙들고 빼꼼히 고개 들이밀자 우리 할매 문 앞에서 얼른 내 손목 가로

채 큰아버지 앞 겸상에 앉힌다.

　큰아버지는 탁주 한 사발에 감투밥 한 그릇 뚝딱한 후 "천처히 마이 무라." 우리 할매 눈 마주치자 두 눈 찡긋, 조랑조랑 깨어난 주름살 아듬고 있다.

염해부락 이야기 17

"자부나? 어허 참, 하토 치다 마늘밭 거름 주로 갔나?"
"아, 주디 쫌 닥치바라 그림을 마차야 가따 부칠 거 아이가"
요량 없이 나뒹구는 청년회장네 바깥채 댓돌 위로 검정 고무신 몇 쌍이 뿌연 '새마을' 담배 연기를 자근자근 씹으며 시간을 뭉개고 있다 매조가 목단이가, 청단인가 홍단인가 패를 훔쳐 가며 무릎을 꽉 깨물고 십 원짜리 화투를 치고 있다

가서 막걸리 한 되 더 받아 오이라 나머치는 니 심부름 값 이다이 절뚝절뚝, 콧등에 연신 침을 찍어 바르고 양은 주전자 휘휘 돌리며, 술지게미 생각에 입맛도 다셔가며 민철 아재네 점방 가는 길 주머니 속 손가락으로 밤보다 어두운 나머치 계산하느라 우째, 손가락이 모자라는갑다

서둘러 오는 저녁, 굴뚝마다 내리는 연기는 흩어진 흰쌀밥 덩이 같은데 돌담 구불구불 꽁보리밥 냄새가 풀이 죽어 엎드린다 풍경마저 멈춘 겨울 농한기 뭉근히 시들어 가는 총각들은 저녁도 거른 채 별이 잠들 시간까지 똥광만 팔고 앉았다

염해부락 이야기 18

땡볕에 도리깨질한 탓인지 어스름 녘부터 자불자불 자불자불, 눈꺼풀을 뽀도시 깨워도 퍼붓는 잠은 모지락스럽다. 요번에는 기어코 늦은 제삿밥 한 끼 얻어먹을 거라, 낡은 허리끈 해 좋을 때부터 풀어놓았는데 여물 쑤는 부뚜막에 빼뚜름히 처박혀 까무룩 까무룩 어허, 웅크러든다.

정지와 마당에는 촐촐한 동네 사람들로 파닥파닥, 얼룩진 놋그릇은 재 묻은 지푸라기에 때 벗는 중이고 제기는 휘청휘청 제사 음식을 이고 섰다. 밤은 푹푹 깊어져 가고 고수레 따라 할배 영혼이 다녀가면 동네 사람들 표정은 제사 음식에 얹히고 비닐 주름 한 뭉텅이 허리춤에 차고 집으로 돌아간다.

놋주발에 탕국 말아 나물 듬뿍 쓱쓱 비비니 고추장, 참기름도 어수선한데. 푸르디푸른 입맛 다시다 화들짝 눈 비비고 보니 벽을 보고 길게 누운 그림자 하나 납작한 잠에 무안하다. 어느새 창호지 틈새로 허정허정 건너온 연한 새벽이 홀로 일어나 늦은 제삿밥 그득히 물고 있다.

염해부락 이야기 19
― 금니쟁이

 "야야, 오늘 금니쟁이 오는 날 아이가?" 할매가 아침부터 성화다. 지난번 해 넣은 금니가 시원찮았는지 부은 턱에 며칠째 흰죽만 깨작깨작이다. "예, 아메 오늘 노구, 유포 지나 우리 부락 오는 날일 낍니더. 쪼매 더 기다려 보시다." 치아 치료를 한번 받으려면 여수로 흰 발걸음을 해야 하고, 치료비도 촌살림에 감당키 어려운데, 금니쟁이는 서면 일대 최고의 야매 치과 선생이었다. 그는 마취 따위는 아랑곳하지 않고 생짜로 충치를 갈아내고, 금으로 때우고, 금으로 씌우고, 금니를 해 넣고, 그래도 성에 안 차면 아예 뽑아버리기도 한다. 그래도 야매 선생 솜씨는 일대에 짜하게 소문이 난 터라 그가 손 본 이는 오래 가고 싸기까지 하니 믿고 쓰는 금니쟁이다. 지나가던 을구 아지매가 한마디 건넨다. "오늘 금니쟁이 오는 날이제? 우짤꼬, 이가 시려바서 한번 봐야 카는데 남의 남정네 앞에 아가리를 벌릴라쿤께 우찌 그리 에롭근노. 아픈 것보담도 부끄라바서 우짤꼬 싶다."

 저만치 금니쟁이 오토바이 소리가 부르릉거리자 동네 아지매, 아제들이 이장님 집으로 꾸역꾸역 모여든다. 치료받을 일 없는 아제들도 금니쟁이의 예술 같은 야매기술 구경 삼아, 남의 처 아가리 속도 들여다볼 겸 슬금슬금 엉덩이를 들이민다. 겁먹은 동네 아이들 그림자는 아침부터 해를 피했고, 이장님 집 비명만 우렁우렁하다. 각중에 을구 아베 왈 "선상님요, 마누라 이빨 치료하모 한 꼬뿌 몬하지요? 오늘 노래미 좋은 놈이 잽힜는데 마누라 니 참 꼬시다. 대신 선상님 일 다 끝나모 노래미회에 한 꼬뿌 하고 가시다."

오늘 마지막 스케줄인 염해부락에서 치료를 다 마친 금니쟁이 야매 선생, 노래미회에 막걸리 얼큰히 몇 꼬뿌 하고 휘적휘적 오토바이에 오른다.

며칠 후, 금니쟁이 소식에 다급히 이장님이 마이크를 잡았다. "아아, 잘 들리제이다. 이장입니다이. 금니쟁이가 아래께 한 꼬뿌 하고 오토바이 몰고 가다 서상 다 가서 다리가 풀려뻿는지 우쨋는지 까꾸방에서 꼬꾸라져 꼬랑창에 처박히 붓다케여. 얼굴을 다 갊아뻿는디 마누래가 와서 얼굴이사 갊아삐나 안 갊아삐나 벨 차이 없인께 손발만 괜찮은지 챙깄다쿰니다. 참말로 무정하제이다."

염해부락 이야기 20

 서면에 하나밖에 없던 구남이네 약국, 읍내에나 나가야 눈에 닿는 병원은 남의 집 구들장 얘기고 부락민들은 걸핏하면 구남이 아재를 찾았다. 구남이네 약국에는 노루모산과 아까쟁끼, 이명래 고약과 구급약 몇 종류를 갖추고, 구남이 아재는 털털이 오토바이로 온종일 미자바리* 빠지게 이 마을 저 마을 비포장 길 왕진인지 영업인지를 다녔다.

 구남이 아재가 면허 약사였는지는 지금껏 알쏭달쏭하지만 의사 면허가 없다는 것은 소문난 비밀이었다. 체하거나 배탈에는 노루모산, 엔간한 상처에는 아까쟁끼, 웬만한 타박상이면 안티푸라민, 증상이 애매하면 진통제나 해열제 주사부터 놓고 보는 믿고 찾는 유일한 약사 겸 의사였다.

 마을 어르신들은 *우리 구내미, 우리 구내미* 하며 털털이 오토바이 소리에 목을 빼는데 희한하게도 구남이 아재가 오는 날이면 어설픈 꾀병도 마구 생기더라는 부락민들의 신소리가 으르렁거렸다. 마침내, 마을 어귀에 털털이 뽀얀 먼지가 솟구치면 열없이 우물가에 엉덩이 들이민 아지매들은 우물 속 홍조 일렁이는 얼굴을 연신 두레박질하곤 했다.
  신작로 아스팔트가 읍내를 코앞까지 데려오고 바깥소식이 새털처럼 문턱을 넘나들기 시작할 무렵, 구남이 아재는 의료법인지 뭔지에 걸려 침묵으로 몰락을 감추었고, 그 후 소식을 아는 사람은 없다고 한다.

* 미주알의 경상도 방언.

염해부락 이야기 21

큰집 아래 유철이네 지붕에 십자가가 섰다. 젊은 목사가 외양간 옆 방 한 칸을 빌려 서먹한 시골 교회를 열었다는 데…….

"아, 주민이라꼬 맨 맹 되지도 않는 촌구석에 누가 갈 끼라꼬 조해를 열었일꼬." 부락민들은 낯선 외지인의 출몰에 모난 가시눈을 가랑잎처럼 흔들었다. 정신이 밤보다 어두운 유철의 형 상철을 진주에서부터 거두어 보살피다 끝내 마을로 밀려온 이가 그 젊은 목사라고 했다.

유철이네 지붕에 십자가가 서자, 주일이면 식솔들의 찬송가가 등성이를 넘고 통성기도 소리가 돌담 틈새를 빠져나와 소리를 먹는 바다로 흘렀다. 목회와 전도는 어정버정하고 들과 바다를 쏘다니며 철 따라 부락민들의 일거리를 어우렁더우렁 챙기던 목사도 서서히 구원 없는 몰락의 풍경에 가슴이 팽 젖어갔다. 일테면, 잿밥으로 영혼을 부르는 수부의 노래에, 계모의 매정함을 탓할 수 없는 아이처럼 외면당한 십자가가 녹슬어가기 일 년 남짓.

동녘이 트기 전, 깻잎 같은 봇짐 몇 개의 유철이네와 십자가를 끌어안은 젊은 목사는 바람에 나부끼는 소달구지의 입김 따라 덜컹이며 떠났다고 했다.

염해부락 이야기 22

"니, 서울로 전학 간담서?"
소녀가 발등에 시선을 묻는다
"니 가삐모 시 공부는 우짜지?"
"선생님하고 아아들 마이 안 있나."
"니는 내가 꼭, 시 때문에 시를 씬다꼬 생각하는갑제."
바람 끝에 영근 소녀의 부끄러움이 에이듯 갯내에 걸린다

덜 마른 햇볕이 둘 사이에 서먹하고
소년의 서늘한 머리카락 사이로는 뽀얀 핏물이 빠져나가고

소년은 잔잔한 물결을 불러 소녀에게 건넨다
"니 안 있나, 시끄러분 그 맘을
훤히 저무는 노을에 문대드끼
살살 달개서 글로 한 번 써봐라
통통한 푸른빛이 들지도 모리는 일이제."

이강의 시세계

텍스트로서의 기형도,
기억의 원시림에서 길어올리는 새로움

염선옥

이강의 시세계

텍스트로서의 기형도,
기억의 원시림에서 길어올리는 새로움

염선옥

(문학평론가)

    가장 뛰어난 아방가르드 예술가 중 한 사람인 바실리 칸딘스키는 '무엇(내용)'이 실종된 오늘날의 예술을 가리켜 '저속한 생활을 이끌어가는 예술'(바실리 칸딘스키, 권영필 옮김, 『예술에서의 정신적인 것에 대하여』, 열화당, 2019, 29쪽)이라고 비판한 바 있다. 이는 오늘날의 예술이 '무엇'을 표현하기보다는 오직 '어떻게'에만 관심을 가지는 흐름에 대한 날카로운 지적이었다. 이는 남들과 조금만 '다르게' 표현하면 '새로움'의 조건을 충족시킨다고 믿는 현상 때문에 예술가들이 오로지 형식의 독

창성에만 자신의 재능과 기술을 집중하고 있다는 진단이었을 것이다. 하여 그는 진정한 예술이란 '내용'과 '정신'을 반드시 담아내야 한다고 역설한다. 그렇다면 과연 '새로움'이란 무엇인가? 그것을 추구하면 반드시 희망적이기는 한가? 이미 우리에게 새로움을 향한 질주는 일종의 강요가 되어버렸고 그에 필수적으로 수반된 것이 '낡음'과의 결별이었다. 이렇듯 '해체' 혹은 '탈脫'은 전통과 단절하고 새로움을 창출하는 산법으로 그때그때 동원되었다. '자연 과잉'에 대하여 '자연 배제'의 미적 전략을 세워왔던 방식처럼, 시인들은 '서정 배제'를 선택하여 "마땅한 내면, 실존 감각, 영혼, 운명 등에 대한 관심을 철저하게 배제하면서 자신만의 배타적인 성채를 쌓아"(유성호, 「1980년대 시의 전개와 전환」, 『서정시학』, 2017년 봄호, 235~236쪽)왔던 것이다.

기형도의 친구 이강은 첫 시집 『기형도』에서 '새로움'을 다채롭게 이해하고 있다. '신화'에서 '역사'의 자리로 돌아온 기형도를 호명하는 일은 어떻게 '새로움'이 될 수 있을까? 이강에게 '새로움'이란 무無에서 무언가를 창출하는 데서 생성되지 않는다. '낡은' 혹은 '죽은' 관습과 반대 의미를 띠는 것도 아니다. 오히려 이강은 옛것 안에 고여 있는 환원 불가능한 '의미의 복수태'(롤랑 바르트, 김희영 옮김, 「작품에서 텍스트로」, 『텍스트의 즐거움』, 동문선, 2022)에서 '기형도'를 새롭게 이해한다. 그리하여 기형도라는 텍스트를 새롭게 통과하고 횡단한다. 이강에게 기억은 '옛것'을 향하는 데 그치지 않고 새로움을 탄생시키는 '아카이브archive'로 존재하는 셈이다. 말하자면 그는 '옛것' 속에서 솟아나는 새로움을 증명해간다. 또한 기형도 연작과 염해부락 이야기를 통해 자신의 존재 근거를 하나하나 채워간다. 이강은 이번 시집이 "소년이 시에 눈을 뜨고 서울로 상경하기까지" 그리고 "기형도를 만나기까지의 이야기"라고 「시인의 말」에 적었다. 그는 기억 속 기형도를 떠올리면서 어린 시절로 돌아가 자연 속에서 시와 실존을 고민하는 주체를 내세운다. 기형도 이야기를 다루면서 왜 이강은 "기형도를 만나기까지의 이야기"라고 했을까? 이는 그가 기억하는 기형도와 신화와 역사의 상징으로서의 기형도가 같으면서도 꼭 동일하지만은 않은 새로움을 제공하고 있음을 시사한다. 이강의 기억으로 복원되는 기형도의 고교 시절은 역사로 존재하는 기형도를 작품으로서만이 아니라 다시 읽고 쓰기가 가능한 텍스트로서 새롭게 재편하고 있기 때문이다.

희망의 수원지水源池가 되는 기억

"도서관은 왜 10시면 문 닫지"
형도가 또 투덜거린다
"통금 있잖아, 버스도 끊기고"
시샘 반 걱정 반 나의 마뜩잖은 말에

"그럼, 문은 닫고 밤새 불 켜놓으면 되잖아"

새벽까지 켜놓는 알전구 불빛 탓에
"괜한 겉잠 자는 식구들에게 미안해서"
그가 짙은 눈썹 치뜨며 헤적헤적
구시렁거리던 것이었다

어둑한 가로등 된바람 속으로
막차 시간에 늦을까 봐
그가 뛰기 시작했다
—「기형도 23」부분

두만강을 구성지게 부르던 소년이
팝송을 멋들어지게 노래하는 중창 단원이 되고
양손을 주머니에 찌른 채 구부정한 허리로
두 눈 지그시 올려 감고 부르고 또 부르던
그 노래가 시가 되고

반 친구들의 만류에도 기어코 축구 시합에 끼어
하늘 높이 똥볼만 차올리던 똥발
반 아이들의 장탄식 아랑곳 않고
후반전까지 내쳐 달린단다

―「기형도 28」 부분

눈부신 여성 몸의 일상성에 대하여
하찮고, 사소한 것들의 질서에 대하여
팝콘처럼 요리조리 튀던 그의 분방함이
워즈워스의 신비롭고 풍요로운 감성에 이를 즈음이면
소녀들의 아득한 눈길은
설핏한 노을 끝에 몽롱하게 내걸리곤 했지

그는 여자가 좋다고 했다
삶을 조바심치며 따지지 않는
일상의 기록에도 향기롭게 설레는
아무렴 잉걸불 같은 질감을 가진 그런,
그런 여자를 만나고 싶다고 했다

그런 여자는 결코 만날 수 없을 것이라고도 했다

그래서 그는 여자가 좋다고 말했다
―「기형도 31」 부분

「시인의 말」에서 이강은 시집 『기형도』를 "시를 잊지 않게 해준 친구"에게 바친다고 말한다. 덧붙여 "이 시집이 기형도에 대한 늦은 조시가 아니라 축시로 읽히기를 바란다."라고 적었다. 이강의 시를 읽으면서 우리는 무의식적으로 비극적 세계 인식에 집중되어 거론된 기형도를 떠올리며 한편으로 놀라움을 가지게 된다. 왜냐하면 이강의 시에서 고교 시절 기형도는 꿈과 희망에 찬 여느 고교생과 전혀 다를 바 없는 모습으로 등장하기 때문이다. 마치 한 편의 영화를 보듯이 주체가 바라보는 '그'의 모습은 비극적 절망 속에서 찾아내는 희망 그 자체로 다가온다. 혹자는 이강의 시 속 '기형도'가 기억의 결과일 뿐 사실로 받아들일 수는 없다고 말할 것이다. 우리 또한 시인 자신과 시를 이끌어가는 화자를 동일시할 수는 없다. 그리하여 우리가 기억하는 '기형도'와 이강이 풀어내는 '기형도'를 겹쳐 읽는 것이 무리일 수도 있다. 그러나 시 안에 존재하는 화자와 달리 내포작가는 직접적 목소리가 없이도 독자가 알 수 있도록 모든 수단을 통해 독자를 가르치고 있다.(S. Chatman, *STORY AND DISCOURSE*, Ithaca, New York: Cornell University, 1978, p. 148)

그렇다고 할 때 "나는 기형도의 시가 아주 극단적인 비극적 세계관의 표현이라고 보고 있다. 그것은 도저한 부정적 세계관이다."(김현, 「영원히 닫힌 빈방의 체험」, 박해현 외 엮음, 『정거장에서의 충고-기형도의 삶과 문학』, 문학과지성사, 2009, 197쪽)라는 주장에서 벗어나 이제 우리는 기형도 시의 세계 인식과 미학적 특징을 좀 더 복합적으로 살펴보자고 주장할 수 있을 것이다. 아닌 게 아니라 이강의 시적 주체는 "밤 10시 도서관 문 닫는 시간/ 주섬주섬 가방을 싼 아이들이/ 우당탕 교문으로 돌진"하는 현장에서도 가족을 걱정하는 '그'의 따스한 마음을 의도적으로 드러낸다. "새벽까지 켜놓는 알전구 불빛 탓에/ 괜한 겉잠 자는 식구들에게 미안해서"(「기형도 23」)라고 표현함으로써 기형도의 비극적 가족사 대신 따스한 가족애를 포개놓는다. 또한 기형도를 "두만강을 구성지게 부르던 소년이/ 팝송을 멋들어지게 노래하는 중창 단원이 되고/ 양손을 주머니에 찌른 채 구부정한 허리로/ 두 눈 지그시 올려 감고 부르고 또 부르던/ 그 노래가 시가 되"는 낭만적 존재로 기억한다. 비극적 죽음을 덧입혀 그의 시를 읽어왔던 도식을 뒤집어 '새로운' 독해 가능성을 열어놓는 것이다. 그러고 보니 최근 제출되는 의미 있는 연구들은 죽음과 절망 이미지에 더해 기형도의 시에서 '희망'의 계기를 발견하는 방식으로 나아가고 있기도 하다. 이강의 시는 그러한 연구 방향과 교차하면서도 우리에게 기형도 시가 발원한 희망의 수원지水源池를 유추하게끔 해주고 있다.

두 개의 '철(哲/鐵)' 이야기

"한번 꽂히면 어떤 건물도 도시를 빠져나가지"(기형도, 「오후 4시의 희망」) 못하는 자본 미학의 압도적 결과물은 결국 "텅 빈

껍질의 세계"(장정일)일 뿐이라는 사유가 기형도의 유고 시집 『입 속의 검은 잎』(1989)에서 포착된다. 이러한 각성은 이강을 자연에 대한 오래된 기억의 땅으로 안내하고 있다. 이강은 자신의 시인으로서의 존재 근거를 한편으로는 기형도에서 한편으로는 유년 시절에서 찾는다. 2부를 구성하는 22편 '염해부락 이야기' 연작은 삶의 문제와 욕망이 교차하는 자연에서 빚어지는 이야기로서 '옛것'과 결별하지 않으면서 새로움을 구현한 실례로 다가온다. 방언에 관한 커다란 굴절에서 벗어나 새로운 시적 지형을 바꿀 수 있다는 '새로움'의 가능성을 포착해간 것이다. '염해부락 이야기' 연작을 읽어가다 보면 방언들이 새로운 리듬을 창출하고 '시'가 될 수 있음을 알게 된다.

    야야, 니는 내도록 방구석에 똥구녕을 처박고 뭐하노
    와? 시 쓴다
    머를 써, 시이? 그거 가꼬 밥 묵나
    몬 묵는다카더라
    그라모 잘 씨기는 하나
    "……"

    누우야
    와?
    누우는 시집 마이 읽어봤나

"……"

그런께 설맹이 안대여 설맹이
시 쓰는 기, 오데 물 묵고 오짐 싸는 일인 지 아나
억수로 애롭은 기가?
애롭제, 말하자모 지가 갱험해본 기나, 머리통을 굴리갖고
요래조래 생각을 마차서 알매이만 쓰는 기라

너거 선생님은 머라쿠더노
내가 발포만 하모 허구한 날 보루다 보루
미라 놓는 기지, 시언찮타 이 말이다

그라모 동네 우사시럽구로 와 쎄가 빠지게 그걸 하노
누우야, 그란데 시가 애롭기는 해도
생각 끄트머리에 퍼뜩 문장 하나가 오마
각중에 고마 콧등이 시큰해지고, 가심에 하르르 꽃물이 들어삐여
우짜다, 파란 바다에 붉게 익어삔 파도의 입술도 보이제
— 「염해부락 이야기 1」 전문

이강의 시에서 가장 아름다운 시편은 역사가 된 '기형도'를 떠올려주는 연작들보다 '염해부락 이야기' 연작들에 있지 않

나 싶다. 특별히 「염해부락 이야기 1」을 읽으면 영화 장면처럼 아름다운 이미지가 압도적으로 다가오는데, 어린 화자와 누이의 대화에서 우리는 '시'에 대한 독특한 애정과 사유를 엿볼 수 있다. 칸딘스키에게 예술의 의미는 새로움에 압도되어 '어떻게'를 생산하는 데 있지 않았다. 말하자면 그는 새로움에 대한 반反유토피아적 태도를 가지고 있었다. 그런가 하면 보리스 그로이스는 새로움이란 늘 어떤 '부분'으로만 자리하고 "원시적인 것 혹은 속된 것이 가치 절상"(보리스 그로이스, 김남시 옮김, 『새로움에 대하여』, 2017, 20쪽)되는 혁신이 새로움을 만들어낸다고 말하였다. 이들의 견해처럼, 시인 이강에게도 '옛것'이란 '새로움'이 절멸한 상태가 아니라, 오히려 새로운 가치와 무한한 새로움의 원천으로서 존재한다. 낯선 것들이 도사리는 시공간에서 그동안 우리가 보지 못했던 것들이 숨겨진 기억의 원시림으로서 그는 '옛것'을 찾고 사유한다. 기형도가 도시를 가득 채운 "움직이지 못하는 건물들"(「기억할만한 지나침」)의 차가운 물성[鐵]에 갇힌 존재자로서의 고통을 노래했다면, 이강은 "움직이는 자연"에서 꿈과 희망을 키웠던 존재자들을 노래하는 것이다. "뙈기밭 능선 남의 묏등에 앉아 지긋한 소년에게 일렁거려 꼬이는 너울의 물비늘은 편입된 풍경일 뿐 그러나 단 한 줄의 문장도 흘리지" 않는 "서면중학교 문예반 한 소년"의 성장 서사는 그 자체로 시와 자연이 살아 꿈틀대며 서정과 서사가 분리되지 않음을 한껏 증명한다. 움직이지 못하는 것이 지니는 차가운 물성 속에서 우리의 사유[思]는 어디로 향해야 하는가? 이강의 시적 사유는 '탈'과 '해체'의 시대가 제자리에서 무한 반복되는 한 '옛것'과 '서정'을 타자화하는 작업만을 이어갈 것임을 암시한다. 새로움은 '옛것'에 도사린 틈새에 자리하고 서정은 현실과 유리되지 않은 현실의 것이라는 날카로운 통찰력은, '시대 공감'적 글쓰기를 한다고 믿는 젊은 작가들에게 원시적인 것이 '낡음'이 아니라 '새로움'이 우글대는 수원지라는 철학적 사유를 제공하고 있는 것이다.

'염해부락 이야기' 연작에는 아버지의 언어가 깊이 자리한다. 아버지의 언어는 '낡은 것'이 아니다. 자연과 인접한 시골은 인구가 집중된 도시의 삶과 단절된 세계가 아니다. 아버지의 언어는 '옛것'의 이니셜이거나 서명(signature)이다. 그것은 명화名畫 하단에 새겨 넣은 이름 같은 것이고, 영화 마지막의 스크롤 속 이름처럼 정보를 구하고 받아들일 수 있도록 도움을 주는 표시 같은 것이다. 이강은 아버지의 언어 즉 '옛것'의 이니셜로 자리한 방언을 가져와 존재와의 관계를 부활시키게끔 한다. 이강의 시는 원시적인 것 속에서 새로움을 길어올리는 고된 작업 속에서 가장 아름다운 기층언어를 시어로 등극시킨 것이다. 가령 '똥간(화장실)', '빤쓰(팬티)', '백양 메리야스(속옷)', '머구리(헬멧식 잠수기 어업)', '조막손(손가락이 없거나 오그라져서 펴지 못하는 손)', '성님('형님'의 방언)', '보담('보다'의 방언)', '쪼매('조금'의 방언)', '삐까리('낟가리'의 방언)', '코뚜레(소의

코청을 꿰뚫어 끼는 나무 고리)', '소쿠리(대나 싸리로 엮어 테가 있게 만든 그릇)', '목간(목욕할 수 있도록 마련한 칸살)', '낯빤대기('낯바닥'의 방언)', '볼씨로('벌써'의 방언)' 등 아버지의 언어는 낡은 것으로 자리하는 것이 아니라 새로움을 배태시키는 관계성으로 자리하는 것이다. 모든 사물에는 그것의 보이지 않는 성질을 밝히고 드러내는 징표가 담겨(파라켈수스) 있기 때문이다. 이렇듯 이강의 시에는 젊은 시인들에게는 없는 '옛것'의 이니셜이 있고 바글거리는 관계성이 녹아 있다. 이것이야말로 시를 새롭게 해주는 둘도 없는 자원이 아니겠는가.

스푸마토 — 나의 복수태複數態로서의 '너', '그', '우리'

이강의 시적 주체는 고교 시절로 돌아가 기형도를 만난다. 그리고 기형도와의 관계를 펼쳐 자신의 연작에 담는다. 35편 연작에서, 시적 주체는 기형도를 '너'(「기형도 4, 7, 22, 24, 26, 27, 30, 35」)나 '그'(「기형도 1, 2, 3, 5, 8, 9, 10, 11, 12, 13, 14, 15, 16, 18, 19, 20, 21, 25, 28, 29, 31, 32, 33, 34」)로 호명한다. 호칭 없는 몇 편에서는 '우리'라는 복수형을 택하기도 한다. 주체는 '너-그-우리'를 오가면서 세심하게 '나'의 흔적을 연기처럼 (sfumare) 지워나간다. 주체는 이러한 호명 방식을 통해 미세하고 반투명한 층을 여러 겹 씌움으로써 '우리'가 만들어질 때까지 얇은 층을 누적시켜나간다. 주체가 '너'라고 호명했을 때

내포독자는 '너'인 기형도가 된다. '너'라고 호명하는 주체가 '작가-화자'가 되는 과정을 통해 시인은 화자와 거의 동일시되어 나타난다. 반면 주체가 기형도를 '그'라고 했을 때 내포독자와 실제독자는 시를 읽는 '우리'가 된다. 화자의 이러한 방식은 우리가 기형도에 대하여 가지고 있는 관념에 적지 않은 균열을 내준다. 비극적 세계관과 차가운 물성의 도시에 희생된 시인의 이미지가 잠시 물러나고, 사색적이고 윤리적이면서 동시에 인간적인 젊은 기형도가 떠오르게 되는 것이다. 다양하게 채색된 기형도야말로 무한한 변주가 가능한 텍스트가 될 수 있을 것이기 때문이다.

> 도서관 뒤편, 은하수 빼딱하게 물고
> 캭 가래침 뱉는 요란한 친구들 사이에서
> *죽인다 죽여*에 따라오는
> 뜬금없는 <u>그의</u> 휘파람 소리에
> <u>우리는</u> 서로 쳐다보며 키들거렸다
>
> 뾰족 입술 참새 부리처럼 오므리고
> 기똥차게 불어 젖히던 그의 휘파람 소리
> 장단 가락 없이도
> 고곤지, 디스콘지, 트위스튼지 여하튼
> <u>너나없이</u> 어느새 땅바닥을 비비고 있었다

―「기형도 32」부분

<u>너</u>를 생각해도 하나도 아프지 않아

까만 교복 어깨 위로 가랑눈처럼 내려앉은

희끗한 비듬을 툭툭 털어내며

킬킬대던 신scene을 돌리면

도무지 <u>너</u>의 부재가 하나도 슬프지가 않아

다만 죽다와 살다 사이의 동사 어디쯤

<u>너</u>의 글에서만

<u>너</u>의 문장에서만

<u>너</u>의 시에서만

<u>너</u>의 부재는 문득 존재하는 것인지

―「기형도 35」부분

   이강의 시적 주체는 '작가-화자'가 되어 '너(기형도)'를 그리워하기도 하고 또 무수히 많은 '너', '나', '우리'를 스푸마토 기법처럼 겹쳐놓기도 한다. 그럼으로써 '너/나'의 뚜렷한 경계를 지우고 "죽다와 살다 사이"의 경계와 '죽음+삶'의 경계를 지워 식별 불가능한 뉘앙스의 존재로 기형도를 새롭게 만들어가기도 한다. 화자는 "너를 생각해도 하나도 아프지" 않고 "너의 부재가 하나도 슬프지" 않은 것은 "너의 부재는 문득 존재하는 것"이기 때문이라고 고백한다. 경계가 사라진 곳에서 '너(기형도)'는 '나'를 존재하게 하는 근거가 되고, '너/나'는 뚜렷한 경계가 사라진 한 공간에서 공존하게 된다. 이처럼 이강의 시는 죽음과 삶, 옛것과 새것, 새로움과 낡음, 비극과 희망의 경계를 연기처럼 지워가는 흔적으로 자리한다. 이강의 기억으로 복원되는 기형도는 '우리'로 자리하면서 무한 소환이 가능한 존재자로 탈바꿈되는 것이다.

대개 첫 시집은 한 시인의 성장 서사가 다양한 주체들의 활동을 통해 미적으로 드러난 결실일 경우가 많다. 대체로 젊은 시인들은 기억보다는 현실에 관한 '시대 공감적' 시편들을 쓰게 되는 데 비해, 중년 이후의 시인들은 미래와 과거를 넘나들며 기억을 복원하고 증언하는 과정에서 다양한 현재형을 검토하려고 한다. 첫 시집을 낸 이강에게 '기형도'는 작품으로 자리하지 않고 기억의 서사적 결실을 담은 움직이는 텍스트로 자리한다. 고교 시절의 '기형도'를 통해, 염해부락 이야기를 통해, 그는 옛것이 새로움을 담지하고 있으며 아버지의 언어들이 옛것의 이니셜로 존재한다는 탁월한 해석을 보여주고 있다. 그럼으로써 원시적인 것에서 길어올려지는 '새로움'을 포착하고 기록해간다. 이강은 또한 기형도를 다양한 호명 방식으로 불러내어 '나'와 무관한 '너'로 영원히 타자화하는 것이 아니라, '나'의 존재 근거로서 '우리화'하여 영원한 '나'의 복수

태로 삼는다. 물론 그의 시가 기형도의 고교 시절을 다룬다고 해서, 그리고 더 오랜 과거로 거슬러 오른다고 해서 낡은 것은 결코 아니다. 첫 시집에서 대체로 다루기 마련인 가족과 친구 이야기 같은 소재 차원이 아니라, 이강은 자신의 고유한 삶으로 그 선택에 필연성을 부여한다. '어떻게'의 추구 대신 '무엇'을 향한 이강의 노력은, 시적 방식과 예술 원리만을 모방하고 재생하여 '사산한 아이'(바실리 칸딘스키, 권영필 옮김, 『예술에서의 정신적인 것에 대하여』, 열화당, 2019, 17쪽)를 출산하는 일을 피하게 된 것이다. 앞으로도 이강 시인이 지속적으로 기억의 원시림에 새겨진 무수한 이니셜과 표시를 읽어나가면서 우리에게 미학적 새로움의 차원을 더욱 강렬하게 부여해주리라 믿는다.

| 이 강 |

1960년 경남 남해에서 태어나 서울 중앙고등학교를 졸업하고, 한국외국어대학교(튀르키예과, 일본어과)를 졸업했다. 2020년 한국방송통신대학교 국어국문학과, 2022년 일본어과를 졸업했다.

이메일 : oojima@daum.net

현대시 기획선 90
기형도

초판 인쇄 · 2023년 10월 12일
초판 발행 · 2023년 10월 20일
지은이 · 이 강
펴낸이 · 이선희
펴낸곳 · 한국문연
서울 서대문구 증가로 31길 39, 202호
출판등록 1988년 3월 3일 제3—188호
대표전화 302—2717 | 팩스 · 6442—6053
디지털 현대시 www.koreapoem.co.kr
이메일 koreapoem@hanmail.net

ⓒ 이 강 2023
ISBN 978-89-6104-342-7 03810

값 12,000원

* 잘못된 책은 바꾸어 드립니다.